GIOVANNI ALLEVI
JOY

Si ringrazia Warner Chappell Music Italiana S.r.l.

Copyright © 2007, 2019 Volontè & Co. S.r.l. - Milano / Faber Music Ltd - London
Tutti i diritti sono riservati. All Rights Reserved.

4	PANIC
10	PORTAMI VIA
20	DOWNTOWN
31	WATER DANCE
42	VIAGGIO IN AEREO
48	FOLLOW YOU
58	VENTO D'EUROPA
71	L'OROLOGIO DEGLI DEI
82	BACK TO LIFE
91	JAZZMATIC
102	IL BACIO
106	NEW RENAISSANCE
118	PANIC (G Major version)

PANIC

Giovanni Allevi

PORTAMI VIA

Giovanni Allevi

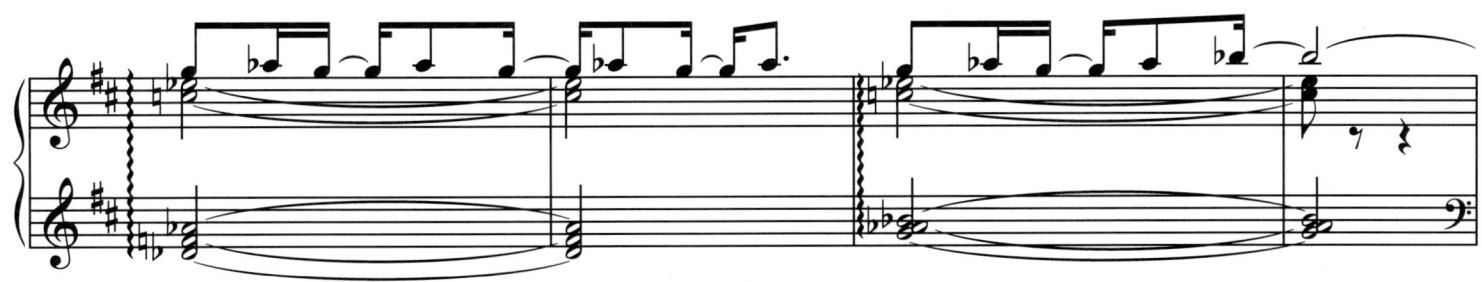

DOWNTOWN

Giovanni Allevi

Con moto

21

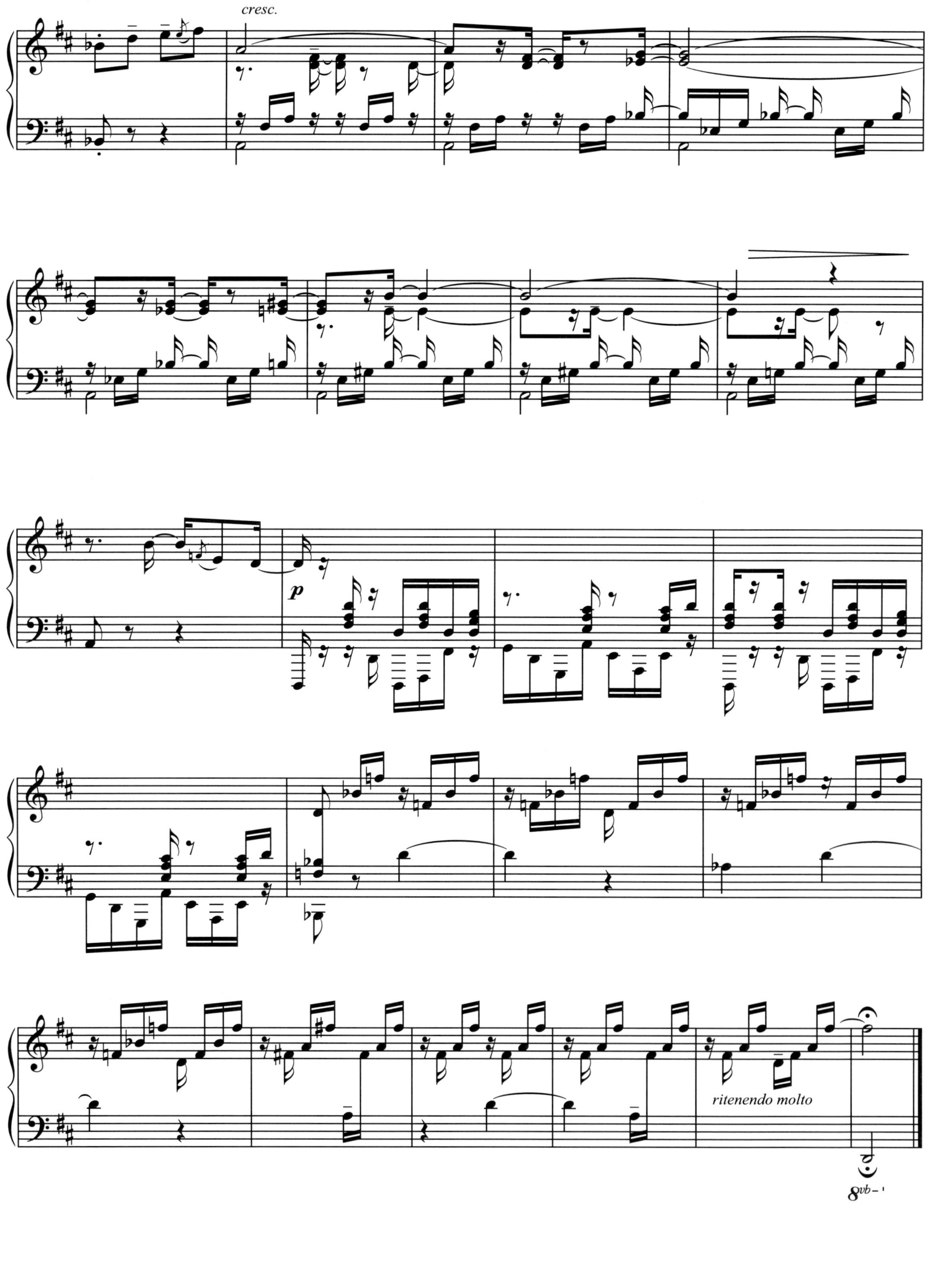
cresc.
p
ritenendo molto
8vb

WATER DANCE

Giovanni Allevi

Allegro

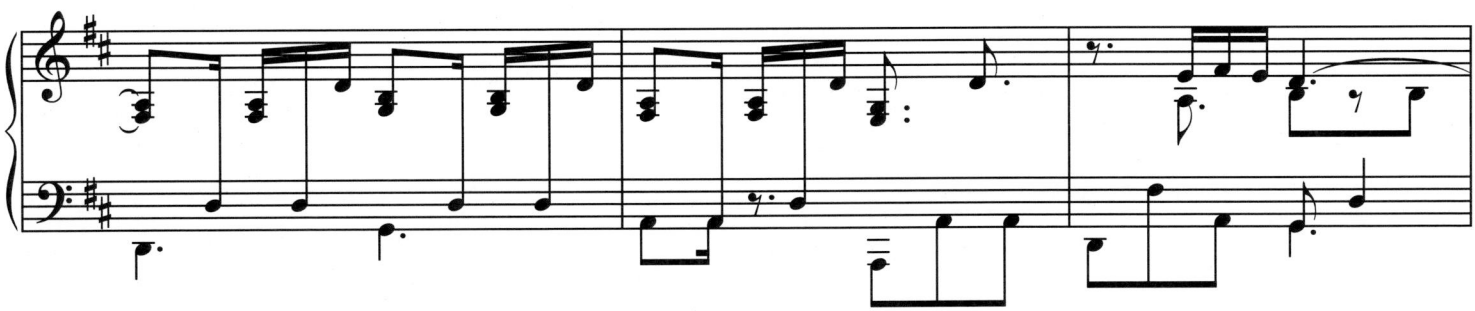

© 2006 by Warner Chappell Music Italiana Srl – P.za della Repubblica, 14/16 – 20124 Milano
Tutti i diritti riservati a termini di legge. All Rights Reserved. International Copyright Secured.

VIAGGIO IN AEREO

Giovanni Allevi

Presto, liberamente

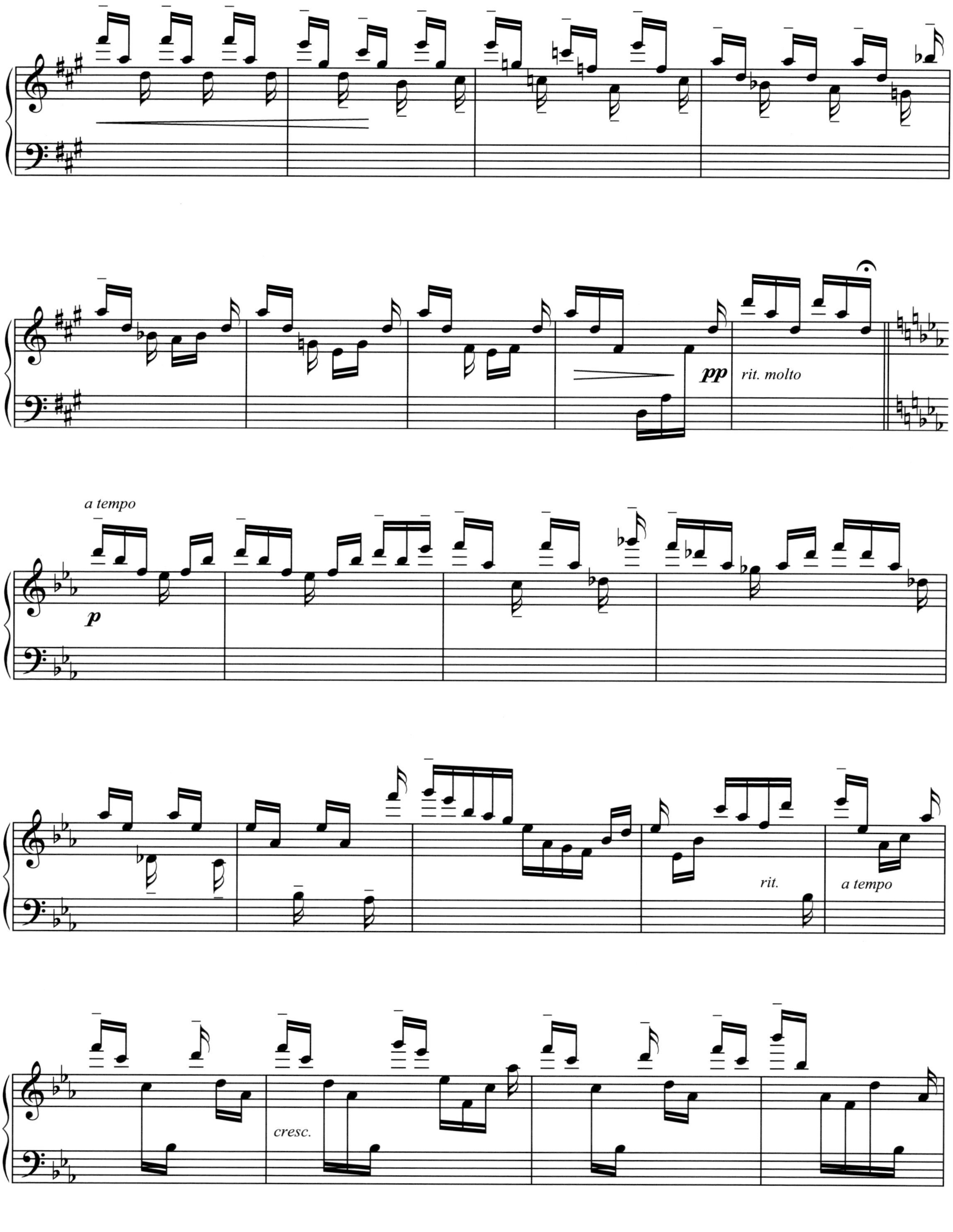
pp
rit. molto
a tempo
p
rit.
a tempo
cresc.

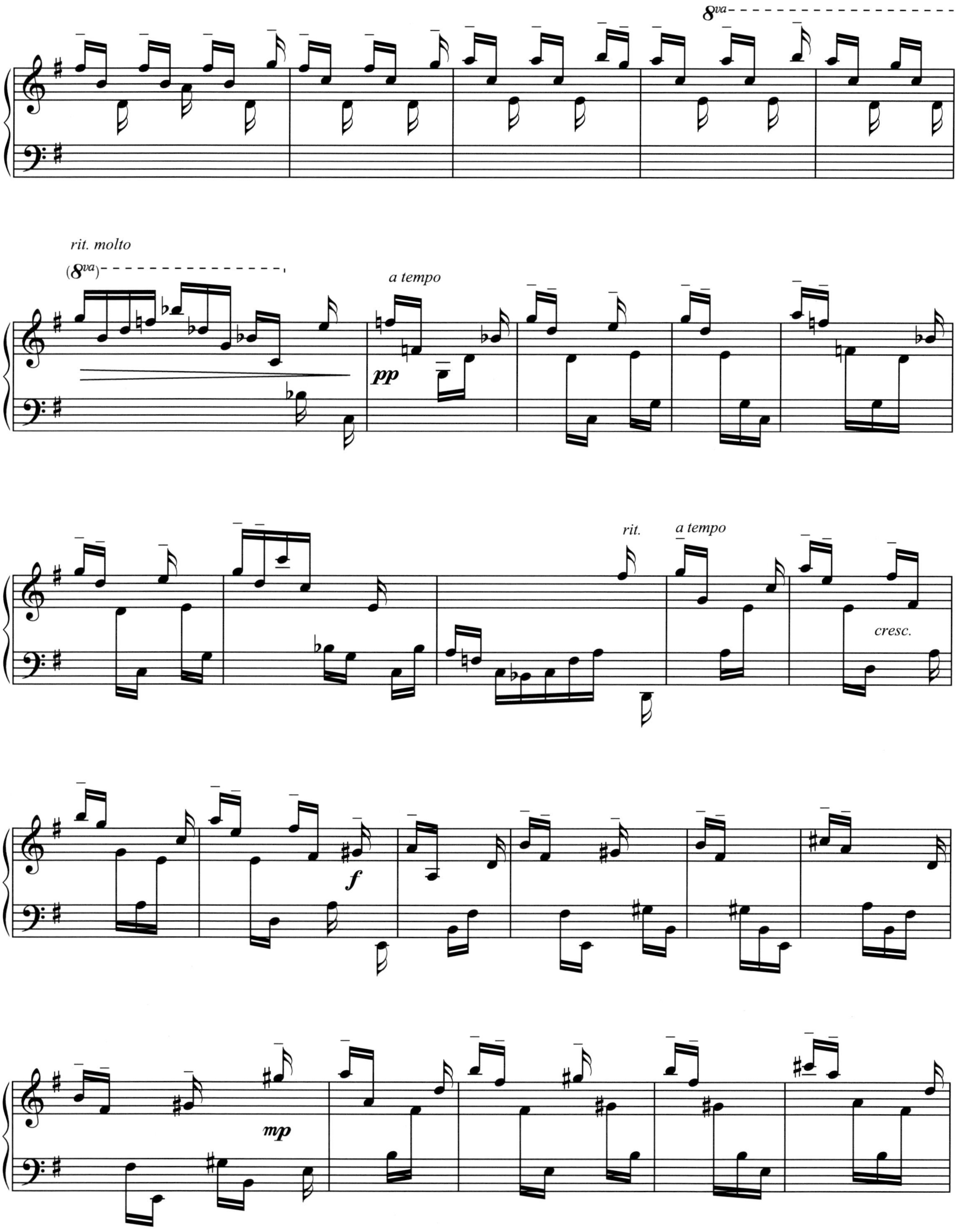
8va
rit. molto
(8va)
a tempo
pp
rit.
a tempo
cresc.
f
mp

poco rit.   a tempo

poco rit.

diminuendo

a tempo

pp

FOLLOW YOU

Giovanni Allevi

Allegretto semplice

VENTO D'EUROPA

Giovanni Allevi

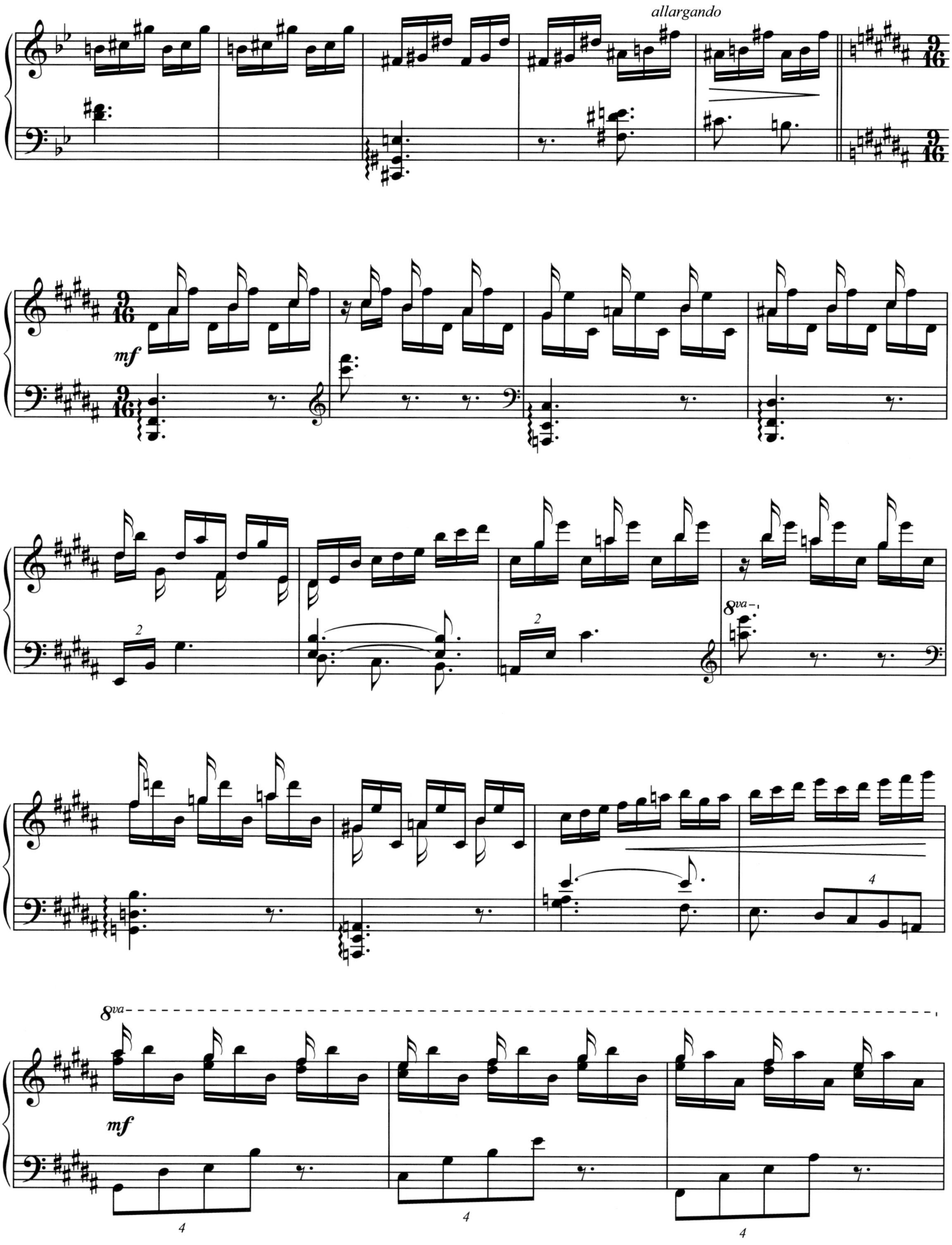
allargando
mf
2
2
8va
mf
4
4
4
4

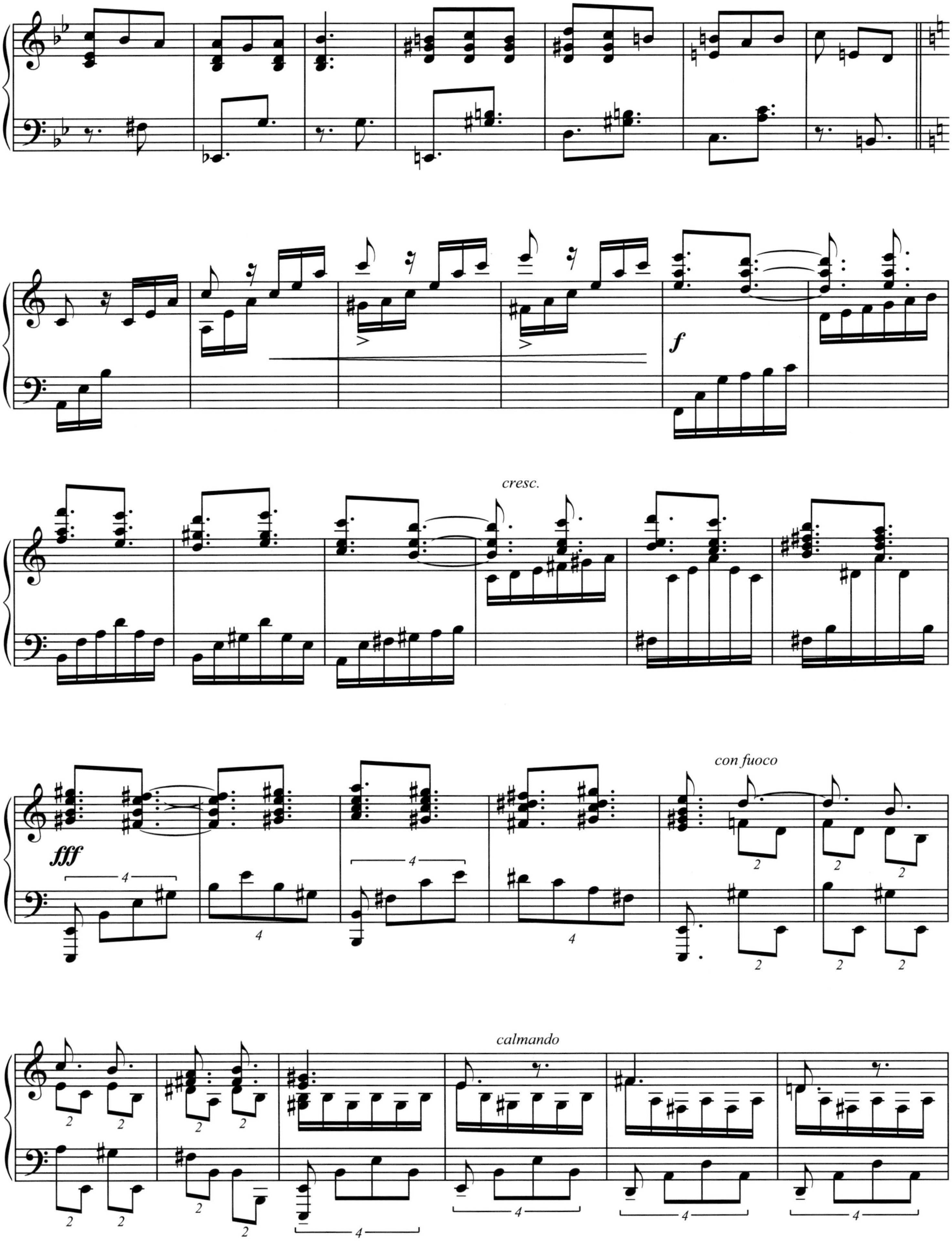
f
cresc.
fff
con fuoco
calmando

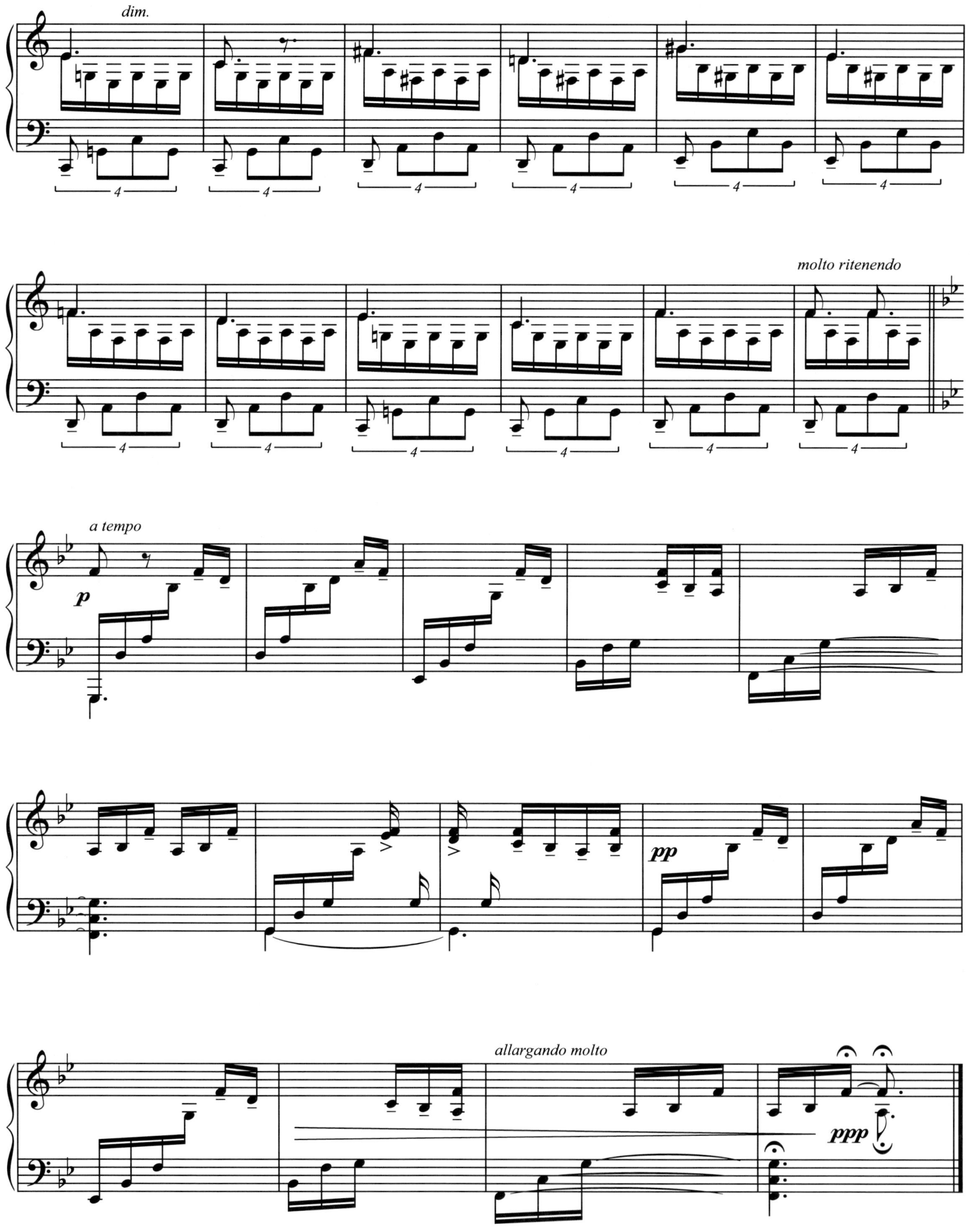
dim.
molto ritenendo
a tempo
p
pp
allargando molto
ppp

L'OROLOGIO DEGLI DEI

Giovanni Allevi

Moderato

73

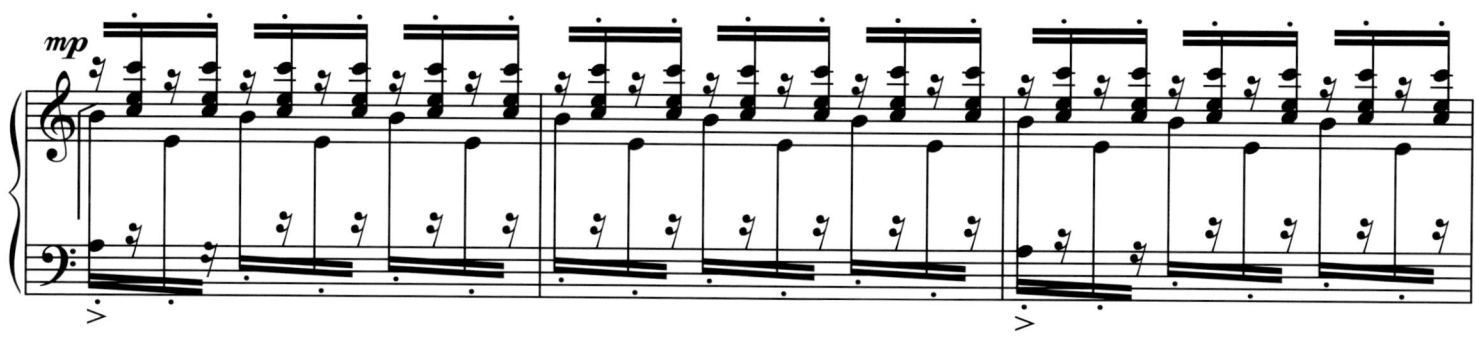
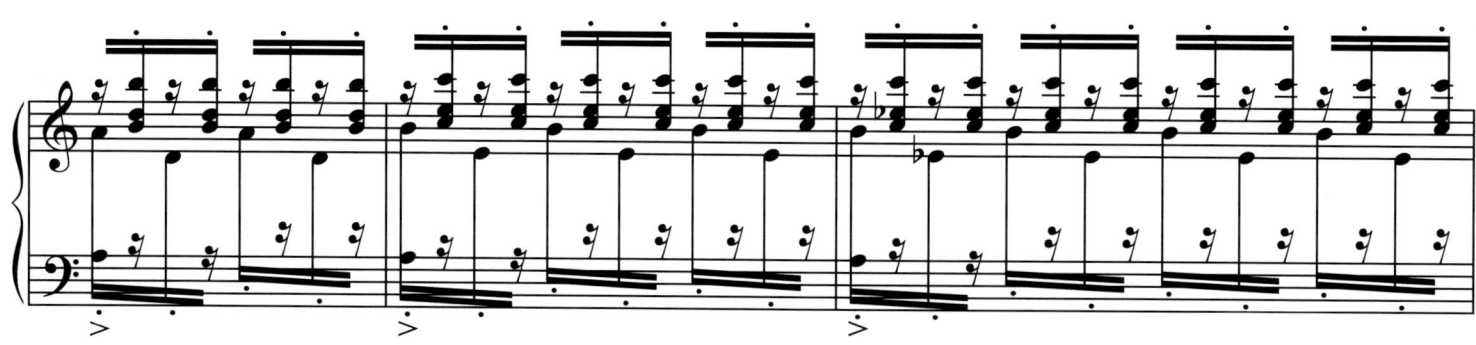

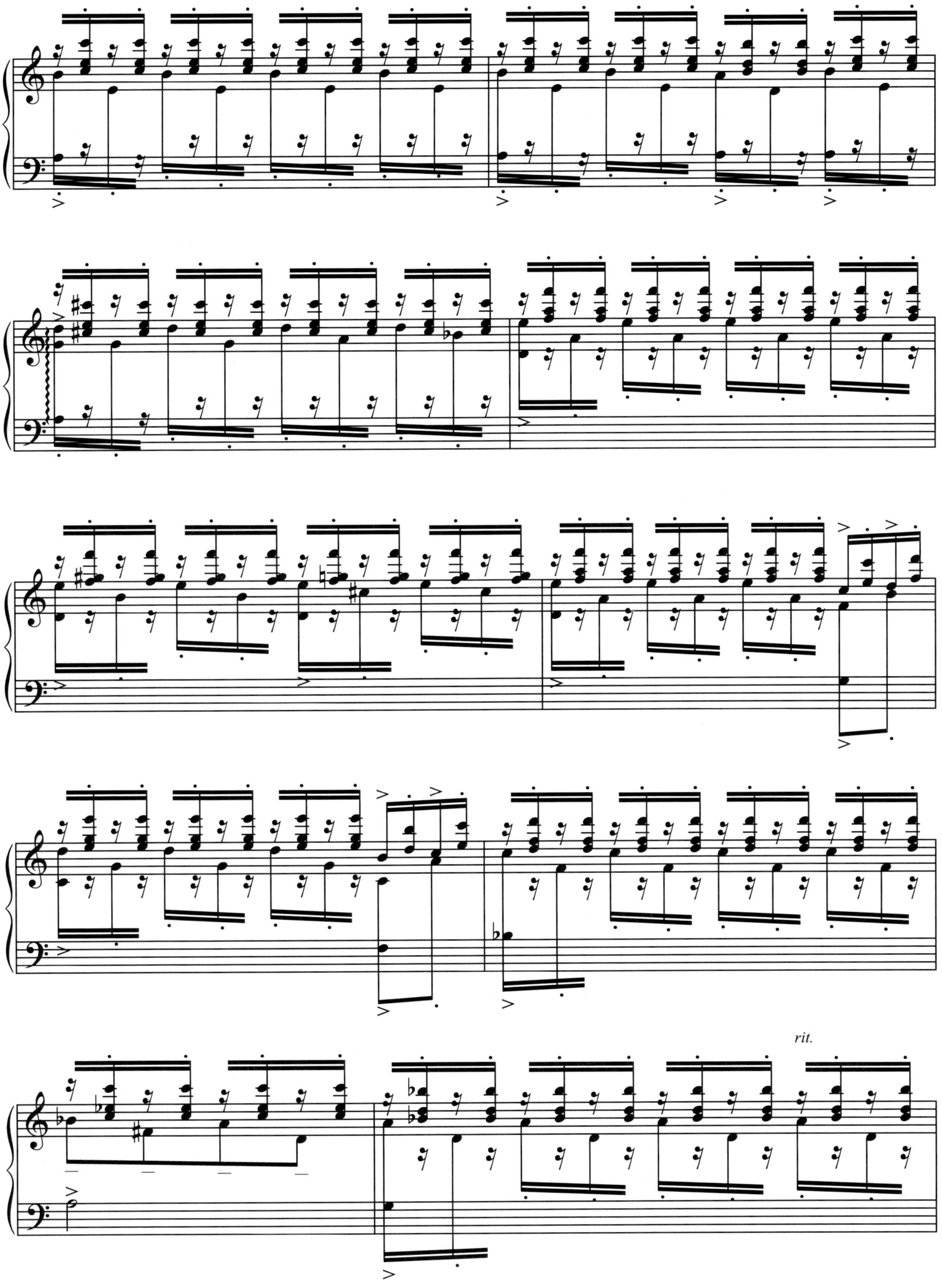

BACK TO LIFE

Giovanni Allevi

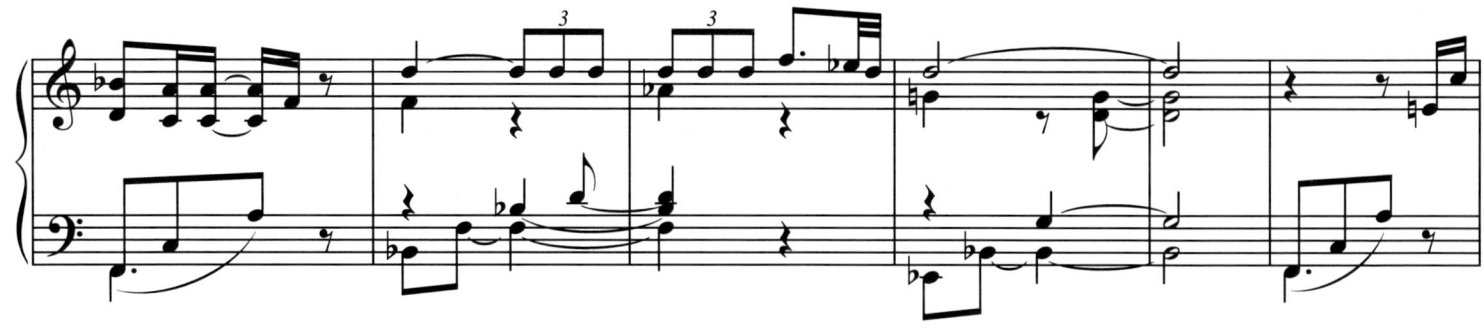

photo by Roberto Gandolfi

JAZZMATIC

Giovanni Allevi

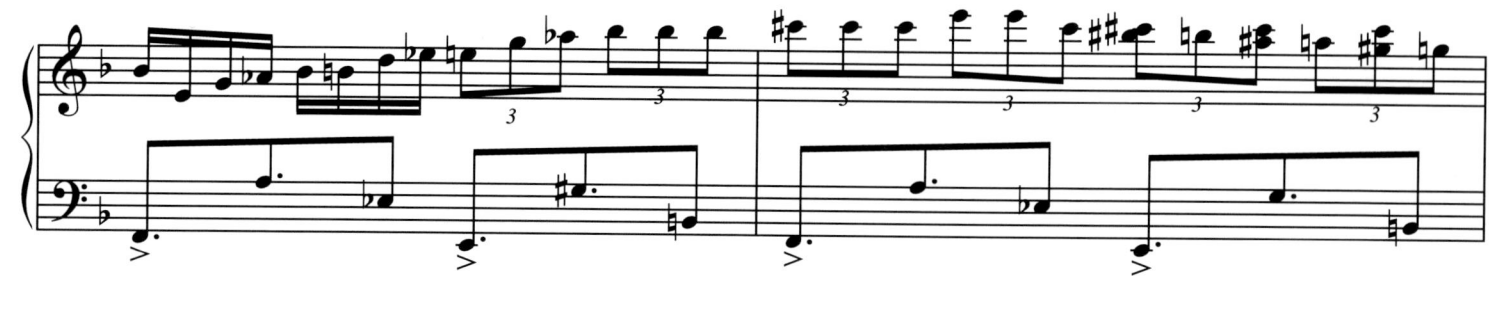

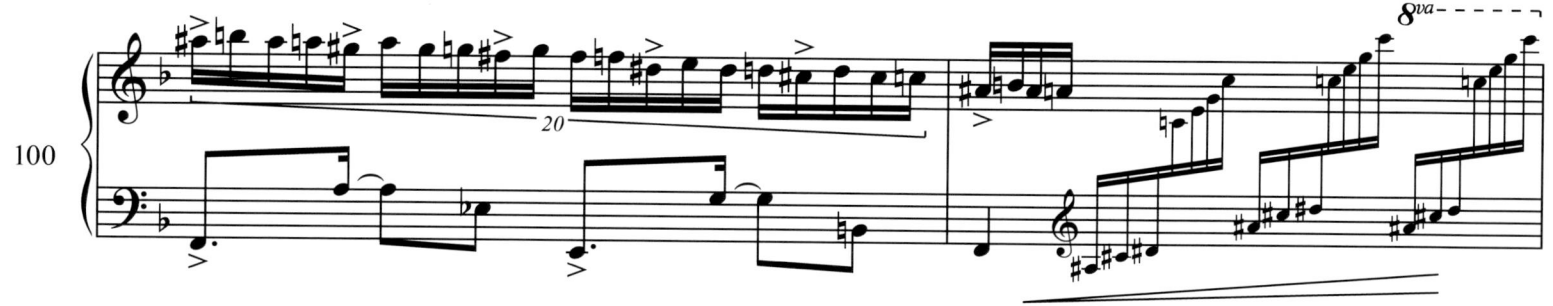

101

IL BACIO

Giovanni Allevi

a tempo, ma con molta espressione

un poco agitando

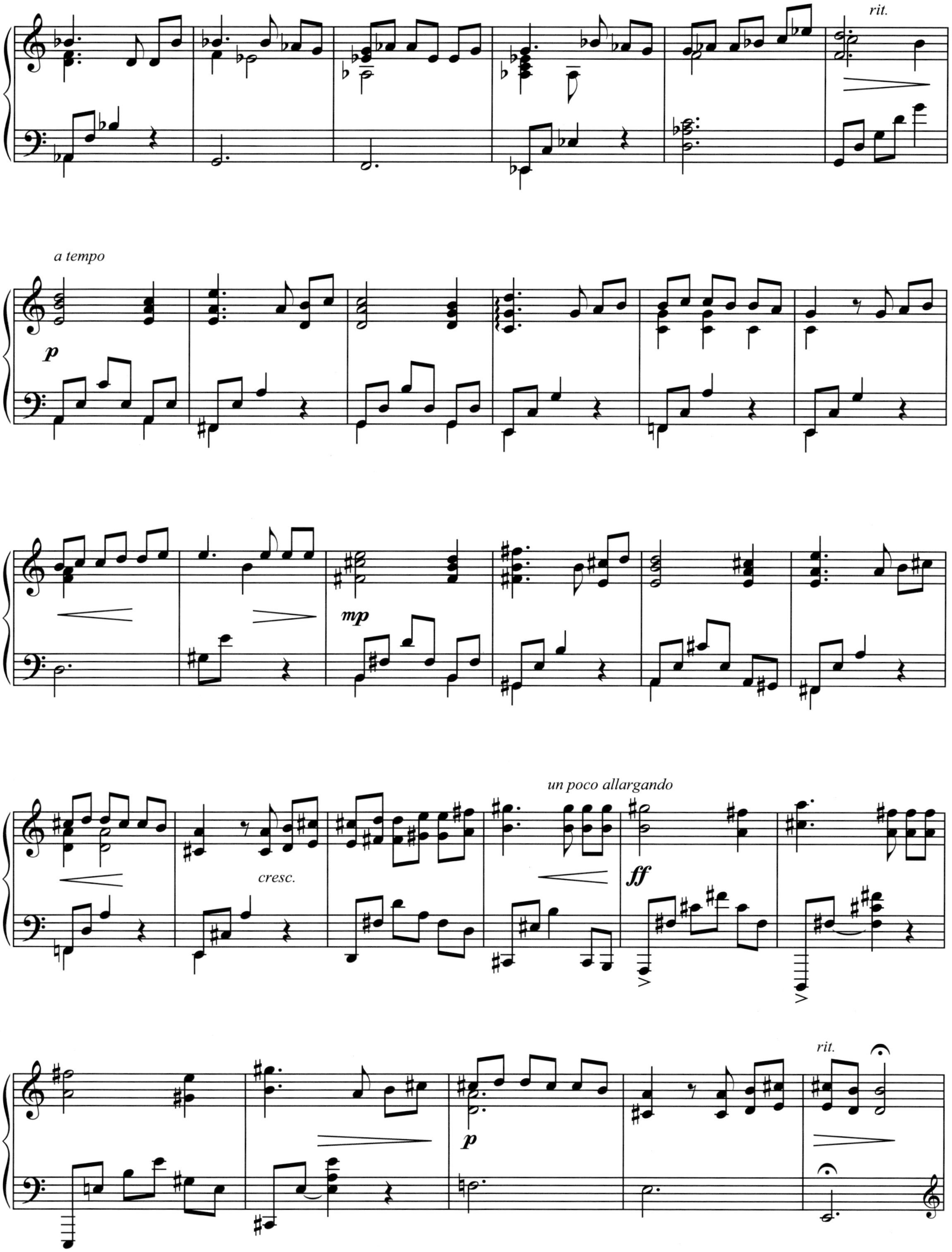
rit.
a tempo
p
mp
un poco allargando
cresc.
ff
rit.
p

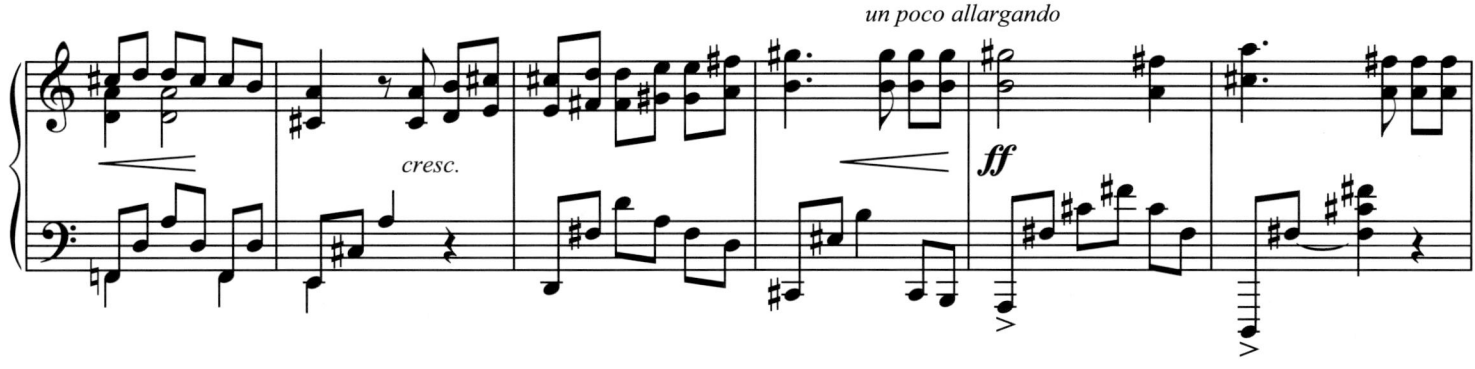

NEW RENAISSANCE

Giovanni Allevi

Presto

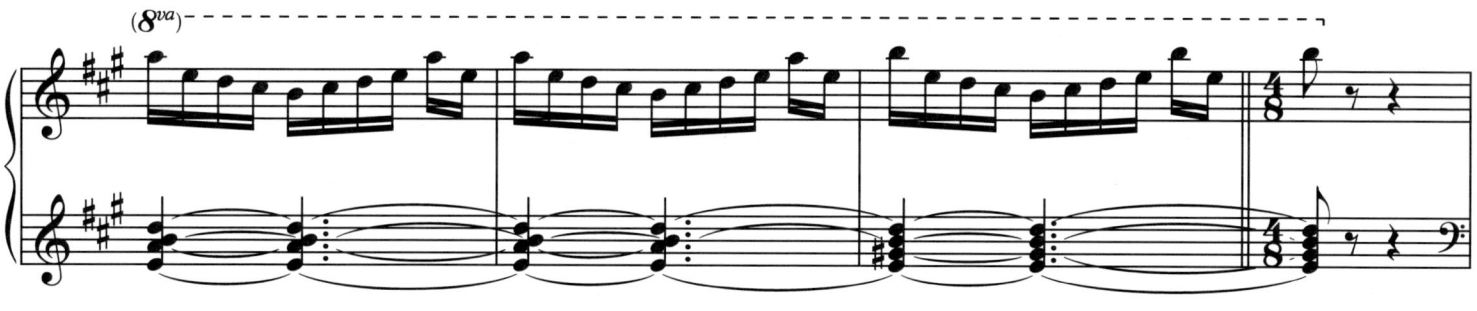

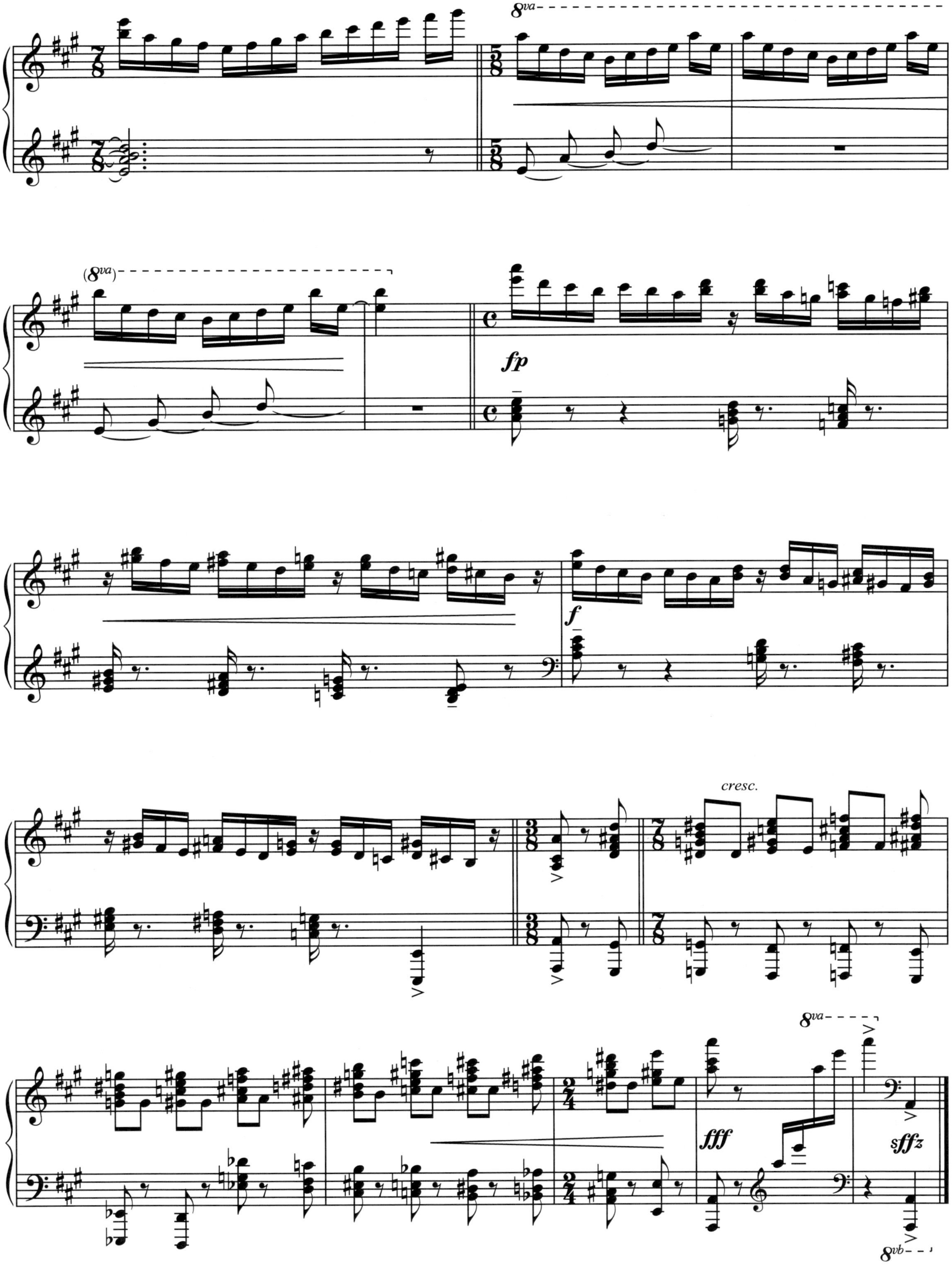
8va
(8va)
fp
f
cresc.
fff
sffz
8vb

PANIC

Giovanni Allevi

Disponibile anche:

MB620
NO CONCEPT
GIOVANNI ALLEVI

Raccolta completa di tutti gli spartiti
per pianoforte del terzo album
di Giovanni Allevi, No Concept del 2005.
Include molti dei brani più noti
del pianista e compositore italiano:
Come sei veramente
Go with the flow
Le tue mani
Ti scrivo
Prendimi
Pensieri nascosti
Sospeso nel tempo
Qui Danza
Regina dei cristalli
Notte ad Harlem
Breath (a meditation)
Ossessione
Ciprea

Scopri tutti i nostri titoli:
www.volonte-co.com